Th. von Lerber

Professoren, Studenten und Studentenleben vor 1500 Jahren

Th. von Lerber

Professoren, Studenten und Studentenleben vor 1500 Jahren

ISBN/EAN: 9783743302785

Hergestellt in Europa, USA, Kanada, Australien, Japan

Cover: Foto ©ninafisch / pixelio.de

Manufactured and distributed by brebook publishing software (www.brebook.com)

Th. von Lerber

Professoren, Studenten und Studentenleben vor 1500 Jahren

Professoren,
Studenten und Studentenleben

vor

1500 Jahren.

Von

Th. v. Lerber.

Bern.
Verlag von Carl H. Mann.
1867.

Den

verehrten Subscribenten und Freunden

unserer Anstalt

in

dankbarer Liebe gewidmet

vom

Verfasser.

Vorwort.

Unser Privatgymnasium in Bern, im Jahr 1866 von einer Anzahl von hiesigen Familienvätern, die sich als Direktion constituirten, gegründet, zählt gegenwärtig 41 Schüler von 9—15 Jahren, in 4 Klassen, was mit den 4 Elementarklassen der „Lerberschule" eine Gesammtschülerzahl von 126 ergibt.

Bei fortschreitendem Alter unserer Gymnasianer und zunehmender Frequenz hoffen wir mit des Herrn Hülfe bei kräftigem Beistande unserer Freunde, das Gymnasium bald bis zum völligen Anschluß an die Hochschule aufzubauen.

Die ganze Schule verdankt ihre Entstehung dem Bedürfnisse, vorab des Gründers und dann einer immer größern Zahl anderer Familienväter, sowohl Erziehung als Schulbildung der eigenen Kinder wieder mehr, als jetzt üblich, auf die Schrift und die Gebote Jesu Christi zu gründen.

Tägliches Bibelstudium und tüchtiger Unterricht in den alten Sprachen sollen die Grundlage bilden.

Behufs der finanziellen Sicherung der Schule fanden sich voriges Jahr gegen 70 Freunde der Schule in Bern und andern Gegenden der Schweiz bereit, eine Summe von über Fr. 3000 jährlich auf drei Jahre zu subscribiren.

Am 3. November vorigen Jahres wurden die verehrten Subscribenten zu einem geselligen Abend eingeladen, wo denn auch unter Andern gegenwärtiger Vortrag gehalten wurde, der trotz seines jovialen Tones die Frucht ziemlich langwierigen Quellenstudiums ist. Auf den Wunsch Mehrerer und um die Vorlesung auch den damals abwesenden lieben Freunden mittheilen zu können, wurde dieselbe, ohne weitere Umarbeitung, dem Drucke übergeben. Blos der Theil der Arbeit, der wegen der Kürze der Zeit damals nicht gelesen werden konnte, ist beigefügt.

Der Verfasser.

Professoren, Studenten und Studentenleben vor 1500 Jahren.

Professoren und Studenten vor 1500 Jahren! werden Sie denken, v. A., das wird wohl ein Mißverständniß sein und soll heißen vor 500 Jahren. Professoren, Universitäten, Studiosi, das Alles ist ja eine Errungenschaft der neuern Zeit oder wenigstens des Endes des Mittelalters. Irrthum! wertheste Freunde, „es gibt nichts Neues unter der Sonne," sagt schon Salomo. Die meisten schönen Entdeckungen und Erfindungen sind schon älter, als man gemeiniglich annimmt. Das Schießpulver war da vor Berchtold Schwarz, und der Student, ich meine der eigentliche Bruder Studio, der Bursch von ächtem Schrot und Korn, behaupte ich, existirte auf Erden schon 1000 Jahr vor Dr Faust und seinem Famulus Wagner. Wo aber Studenten sind, sind auch Professoren. — Doch ich bin Ihnen den Beweis schuldig. Wir nannten eben den berüchtigten Magus Dr Faust. Wir haben auch einen Zauberstab, der über Zeit und Raum wegführt — er heißt: Phantasie. Wollen Sie mich mit Ihrer werthen Gesellschaft beehren, so drehe ich das Rad der Zeit um 1½ Jahrtausend zurück und nun lade ich Sie zu einem train de plaisir — wenn Ihnen nicht schwindelt — auf dem Pegasus des Gedankens nach Athen! Schon schweben wir zwischen Himmel und Erde hoch über unsern Alpen weg. Seh'n Sie, wie der Blick sich erweitert! Unter uns wie ein bunter Teppich von Ländern, Seen, Meeren, Inseln, — wir überschauen das west= und oströmische Reich von Gibraltar... pardon! ich muß jetzt sagen: von den Säulen des Herkules bis an den Euphrat. Tief unter uns die unermeßliche blaue Fläche des Mittelländischen Meeres, in der Ferne südlich der Küstenrand Afrika's, auch noch römische Provinz! Weit im Osten Kleinasien — „Dieß Alles ist mir unterthänig," kann der römische Kaiser sagen, „gestehe, daß ich glücklich bin!" Deutlicher schon hebt sich die vielarmige Halbinsel Griechenland's aus den Fluthen; links die beschneiten Gipfel des Olymp und Pindus; unter uns die Landenge Korinths; rechts der seltsam ausgeschnittene Peloponnes. Vor uns — jetzt geben Sie Achtung! gerade vor uns ein längliches Dreieck, groß wie der Kanton Zürich, dessen Spitze sich in Meeresbläue verliert — das ist's! das ist Attika! Ja ich erkenne dich, heitere Heimat des geistreichsten Volkes! Dort Cap Sunion! näher der waldige Parnes, die weißen Marmorbrüche des Pentelikon; jener von Thymian geröthete Hügel ist der honigreiche Hymettus. Ueberall zwischen spärlichem Grün schimmert der helle Kalkboden durch. Welch' tiefblauer, unbewölkter Himmel! Fühlen Sie die feine, geistweckende, fröhlich machende Luft? Jetzt laßt uns niederschweben. — Sehen Sie, sehen Sie! Da ragt unter uns marmorglänzend und goldflimmernd — Athen! Da die uralte Burg Akropolis mit dem schneeweißen Parthenon, und den Propyläen; die kleine Anhöhe rechts ist der Areopag, wo vor 300 Jahren Paulus den Rathsherren vom jüngsten Gerichte und vom unbekannten Gotte predigte. Enge, schmutzige Gäßchen, weite Plätze, unansehnliche Häuser zwischen prächtigen Tempeln, Hallen, Theatern; allenthalben glitzert's von ehernen, marmornen, elfenbeinernen, vergoldeten Statuen. Sei mir gegrüßt, ruhmvolles, veilchenbekränztes Athen! Seid mir gegrüßt, ihr Platanen, unter deren Altvordern einst Socrates und Plato lustwandelten, du steinerne Rednerbühne, wo einst die Flamme des Patriotismus aus Demosthenes Mund und Herzen sich wie ein Brand durch die ganze Bürgerversammlung wälzte und Alles zum Krieg gegen Philipp fortriß! — Athen! Athen! Reich gesegnet an Gaben für die ganze Menschheit, und doch armes Athen! immer noch viel zu „andächtig" im Heidenthum — immer noch mit Gott unbekannt. Hättest du doch erkannt, was zu deinem Frieden dient, zu jener deiner Zeit — als der kleine Jude mit der Glatze, deinen Stoikern und Epikuräern, auf der Agora von der Auferstehung und vom Weltheiland redete! Aber wir wollen Bekanntschaft machen. Bevor wir jedoch auf den großen Marktplatz der Agora niedersteigen, müssen wir uns ein wenig in der Weltlage politisch orientiren. — Wir sind im 4. Jahrhundert nach Christi Geburt. Vergessen Sie jetzt Eisenbahnen und Telegraphen, Zündnadelgewehr und transatlantisches Kabel. Wir befinden uns mitten im römischen Reich unter Kaiser Constantius, dem Sohne Constantin des Großen. Constantius hat nach dem Tode seiner beiden Brüder wiederum das ost- und weströmische Reich vereinigt. Das römische Weltreich hat seine Aufgabe gelöst. Alle Länder und Völker um das mittelländische Meer sind leidlich romanisirt, civilisirt, centralisirt. Ueberall Straßen, Städte, Schulen, Advokaten, Beamte, Militär, Juden, Polizei, Steuern, sogar Zeitungen, tout comme chez nous. Die Büreaukratie läßt nichts zu wünschen übrig. 4 große Reichsbezirke (Exarchate), 13 Diözesen, 116 Provinzen unter ebensoviel Rectoren. Unter diesen eine prächtige Hierarchie von Tausenden von Beamten. Der Regierungssitz ist seit zwanzig Jahren von Rom nach Constantinopel gewandert, was wenig ändert; vom Kaiser bekommt man doch nichts zu sehen, desto mehr von den Beamten. Die Völkerfehden haben so ziemlich aufgehört. Hispanier, Aegypter, Gallier, Hellenen besuchen die gleichen Schulen, die gleichen Theater, fahren auf den gleichen Schiffen.

Und die Religion, das Christenthum, im IV. Jahrhundert? Sie denken, weil vor dreißig Jahren Constantin der Große, der Vater des jetzt regierenden Monarchen, das Christenthum angenommen und zur Staatsreligion gemacht hat, sei alle Welt christlich geworden? Enttäuschen Sie sich, das ost- und das weströmische Reich sind noch der Masse nach total heidnisch. Zwar sind die Christen zahlreich in den Städten, zwar gibt es mehr als tausend christliche Bischofthümer, die Kirchen fangen an, prächtiges Silbergeschirr vom Hofe zu bekommen; die Verfolgungen haben aufgehört; christliche Bischöfe und heidnische Professoren schreiben sich die artigsten Briefchen, um einander junge Leute zu empfehlen. Die Zahl der Namenchristen nimmt sehr zu. — In Antiochien, der ersten Stadt, wo der Christenname aufkam, einer Stadt von mehreren 100,000 Einwohnern, zählt Chrysostomus 100,000 Christen. — „Wie Viele davon," ruft er aus, „werden wohl selig werden? — Etwa 100." — Aber dennoch ist das Reich noch überwiegend heidnisch, die Lebensweise heidnisch, Staat und Beamte heidnisch; sogar Constantin der Große trug noch den Mantel des römischen Oberpriesters. Das öffentliche Leben ist heidnisch, Theater und Volksbelustigungen heidnisch; Wahrsagerei, Zauberei überall. Besonders aber ist die Schule und der ganze öffentliche Unterricht von oben bis unten in heidnischen Händen, nur geringe Anfänge christlicher, wissenschaftlicher Schulen sind in Alexandrien, Edessa, Cäsarea palästina und in andern großen Städten. — Wir werden das

Unterrichtswesen nun ganz besonders in's Auge fassen. Steigen wir unsichtbar auf dem prächtigen Marktplatze von Athen — der Agora nieder. Welch' ein Gewimmel von Leuten! Athen ist das Paris des Orientes — immer noch der Mittelpunkt der Kunst und Wissenschaften. Es ist gerade zwölf Uhr; alle Schulen gehen aus. Sie glauben sich wieder in Bern unter dem Zeitglocken! Von allen Seiten Züge von großen und kleinen Schülern, Schreibtafel und Griffel angehängt — Bediente mit ganzen Bündeln von Büchern und Rollen, die sie den Herren Studenten nachtragen. — Braune Studenten aus Egypten, schwarzgelockte Athener mit feurigen Augen, Armenier, Kappadozier, Römer, Professoren der Rhetorik in hochrothen Mänteln — zu Fuß oder zu Pferde vom Hörsaale kommend; Professoren der Philosophie in dunklem Gewande, mit langem Bart und Stabe gravitätisch einherschreitend. Aber welch' ein Geplauder! Nein, das ist nicht Bern, das ist nicht das stille Ständchen an der Kramgasse! Alle die zahlreichen Buden der Barbiere und Salbenhändler, die Trinkstuben und Restaurants um den Markt füllen sich mit discurrirenden Lehrern und Studirenden. Sonderbar! 350 Jahre vor Christus donnerte Demosthenes von der Rednerbühne: „Wann doch, ihr Athener, werdet ihr aufhören, euch auf der Agora umherzutreiben und zu fragen: Was gibt's Neues? Kann es denn etwas Neueres geben, als daß ein Mazedonier die Schicksale von Hellas lenkt ꝛc. ꝛc.?" 400 Jahre später findet der durchreisende Paulus, daß „die Athener sowohl wie die Fremden auf nichts Anderes aus sind, als etwas Neues zu hören," und jetzt wieder 300 Jahre später ist's präcis noch dasselbe: Etwas Neues! nur etwas Neues — sei es in Politik, Wissenschaft oder Religion. Es ist Mittag, sagte ich. Alle Welt geht jetzt in's Bad, nachher zum Frühstück und der Schultag ist aus! Nachmittag — hier sind wir nicht mehr in Bern — ist keine Schule, weder für Große, noch für Kleine. Das ist im ganzen römischen Reiche so.

Dort kommt eine Schaar munterer kleiner Bübchen mit ihren Wärtern aus einer schön bemalten Bude — fast einer Meßbude ähnlich — gesprungen; das sind die ABC-Schüler; die Bude ist die Elementarschule; der ABC-Lehrer heißt Grammatist. Eigentliche Volksschule, Schulzwang ꝛc. haben wir nicht; aber jede Stadt hat ihre besoldeten Grammatisten. Das Lernen fängt früh an. — „Laßt uns," sagt der treffliche Chrysostomus, „nicht weichlicher sein im Christenthum als unsere Kindlein in der Schule, die kaum entwöhnt, noch nicht einmal fünfjährig, schon in die Stunde gehen und trotz Hitze und Durst und anderen Beschwerden bis Mittag ausharren und still duldend auf den Schulbänken sitzen." — Bei'm Grammatisten lernt man Lesen, Schreiben, Rechnen. Die Disciplin ist sehr streng. Selbst die Väter sind der Ansicht, daß die Furcht der rechte Lehrmeister sei und alles Regiment vom Stocke ausgehen muß. „Wie lachten," sagt Augustin, „unsere Eltern über die Plagen, die wir als Knaben von unsern Lehrern zu erdulden hatten." Auf den Grammatisten folgt etwa mit dem zehnten oder zwölften Jahre der Grammatikus, d. h. der Sekundar- oder Progymnasiallehrer. Der Unterrichtskreis erweitert sich: Lesen von Dichtern und Prosaikern, Verslehre, Stilübungen — besonders viel Mythologie — alle die alten Götter- und Heldensagen — zum Theil interessant, zum Theil unsittlich. „Ich mußte," sagt Augustin, „in meinem Virgil die Irrfahrten des Aeneas auswendig lernen — den Tod der Dido beweinen. Aber das Griechische, das wollte mir nicht ein! Homer war mir bitter! Die Schwierigkeit einer fremden Sprache begoß für mich alle Süßigkeiten der griechischen Poesie mit Galle." — Von Musik, Singen, Geographie, Zeichnen hört man selten Etwas, nur die Christen pflegen den Gesang. Von einem christlichen Unterricht über Gott und Bibel kann natürlich keine Rede sein; die Grammatisten wie die Grammatiker sind ja fast ohne Ausnahme Heiden. Ganz besonders wird auf guten Stil gehalten. „Für einen Sprachfehler in der Erzählung einer guten That," so erzählt der nämliche Augustin, „wurden wir ausgezankt; aber feine Laster in schön stilisirter Rede ausschmücken, wurde gelobt." — Auch ziehen christliche Eltern vor, ihre Kinder entweder selbst zu unterrichten, wie die Familie des Basilius in Cappadocien, oder sie in die jetzt aufkommenden Klosterschulen zu schicken, wo freilich das Wissenschaftliche schwach ist, aber doch über die jungen Herzen gewacht wird. — Hier in der Privaterziehung ist's, wo die christlichen Mütter und Schwestern glänzen. Edle Emmeleia, die ihren Basilius in der Schrift unterweist! Vortreffliche Makrina, die ihre Brüder zu Christen erzieht! Treue Monica, fahre fort zu beten für deinen Augustin, der Sohn so vieler Gebete kann nicht verloren gehen! — Nach dreißig Jahren, trotz allen Heidenschulen sollst du seine Seele zur Beute haben! Doch ich kehre zum Studiengange unserer Jugend im römischen Reiche zurück.

Mit 14 oder 15 Jahren ist das junge Herrchen reif für eine hohe Schule. Höhere Gymnasien gibt es nicht. Wer aber irgend auf höhere Bildung Anspruch macht, denkt noch an kein Fachstudium. Nur mittelmäßige Köpfe oder Unbemittelte, denen es mit dem Brodkorb pressirt, treten schon jetzt in's Militär, oder sie studiren Latein, etwas römisches Recht und Stenographie in Berytus, Rom oder Constantinopel, um schnell als Büralisten in Staatsdienst zu kommen. — Für Jünglinge gebildeter Stände kommt erst jetzt die Krone der Studien, der Schlüssel der universellen Bildung, die Rhetorik. Vier, fünf, ja mehr Jahre werden dem Studium der Beredsamkeit an irgend einer berühmten Schule gewidmet. „Studire Rhetorik, mein Sohn," sagt der Vater, „das bahnt dir den Weg durch die Welt, das verschafft dir Bildung, Ruhm, Geld, eine reiche Frau; Rhetorik führt zu den hohen Aemtern, Rhetorik in die Paläste und an den Hof!" Fast jede bedeutende Stadt hat ihre Professoren der Rhetorik. Constantinopel allein hat, laut kaiserlichem Dekret, 31 Professoren, 3 der lateinischen, 5 der griechischen Beredsamkeit, 1 der Philosophie, 2 Juristen, 10 lateinische und 10 griechische Grammatiker, 7 Bibliothekare.

Aber der berühmteste Sitz der Beredtsamkeit ist immer noch Athen. Hier sind die gefeiertesten Lehrer. Der freundliche Mann dort, den so viel Studirende begleiten, ist der gegen sie und ihre Thorheiten allzu gutmüthige, etwas affektirte — Professor Himerius. Da schreitet voll Selbstbewußtsein der geistreiche, aber bissige und stets eifersüchtige Libanius. Jener prächtige Greis in Silberhaaren ist Prohaeresius; man sagt, er sei ein Christ, — ich glaube, es sei mit seinem Christenthum nicht eben gefährlich — denn unter den Christen ist so ziemlich ausgemacht, daß die Rhetorik, wie sie hier getrieben wird, mit dem Wandel eines Christen nicht wohl vereinbar sei. Sonst ist Prohaeresius ein sehr achtbarer Mann. In einem unansehnlichen Hause hat er einen allerliebsten Hörsaal, sein Theater, wie er es nennt, von polirtem Marmor, mit Büsten berühmter Männer, ein Vermächtniß seines geliebten Lehrers und Vorgängers in der Professur, Julianos. Diese zwei Jünglinge mit den lieben, interessanten Zügen, die Arm in Arm aus seinem Colleg kommen — sind seine Schüler; beide sind Christen, der eine, etwas blaß und abgemagert durch Wachen und Arbeiten, heißt Basilius; sein älterer Herzensfreund heißt Gregorius, beide Cappadozier. — Wir werden noch auf sie zurückkommen. Noch einen merkwürdigen Studenten möchte ich Ihnen zeigen — der mit ihnen studirt. Bemerken Sie jenen feingekleideten jungen Mann mit breiten Schultern, geistreichen Zügen, spitzem Bärtchen, dunklen, schwärmerischen Augen, der lebhaft gestikulirt und unruhig auf- und abgeht. Es ist ein Vetter des Kaisers und heißt Julianus (nicht zu verwechseln mit dem früher genannten Sophisten). Er hat große Anlagen; aber man hat ihm an einem lasterhaften Hofe das Christenthum durch Eunuchen aufzwingen wollen; drob ist er ein verbitterter Heide geworden. Jetzt studirt er hier und trinkt mit vollen Zügen das Heidenthum an der Quelle. Er hat sich schon in die geheimsten Mysterien des vereinigten Mithra- und Serapis-Dienstes und anderer Geheimbünde, die eigentlich bei Todesstrafe verboten sind, aufnehmen lassen, in denen unter dem Namen Theurgie bei einem gewissen Professor Maximus in Pergamus die Magie, Wahrsagerei, Spiritismus und Geistercitationen, Traumorakel, kurz das conzentrirteste Heidenthum getrieben wird. Sollte er je einmal den Thron besteigen, so wird er die Christen seinen Haß fühlen lassen.

Aber wer sind jene ehrsam aussehenden Männer, die so gewichtig hinter vielen Musensöhnchen einherschreiten und sie nach Hause zu geleiten scheinen? — Hut ab, meine Herren, es sind die Pädagogen! — Pädagogen! Ei, ei! hinter jedem Studenten so ein Pestalozzi oder Diesterweg! Das nimmt sich denn doch etwas eigenthümlich aus. Beruhigen Sie sich, meine Herren, unsere Paidagogoi in Athen sind nicht gerade Diesterwege oder J. J. Rousseau's. Es ist ein Mittelding zwischen Präzeptor und Bedienter — oft ganz einfach ein Sklave oder Freigelassener, doch aber eine wichtige Person im Schulleben. Das geht so zu. Unsere meisten Studentchen gehen noch sehr jung auf die Hochschule zum Sophisten, oft erst vierzehnjährig und bleiben 4 bis 6 Jahre, wenn nicht länger dort. Nun ist, zur Schande des Heidenthums sei es gesagt — der allgemeine Zustand der Sittlichkeit der Art, daß man Knaben und angehende Jünglinge unmöglich ohne Aufsicht ausgehen, ja nicht einmal zur Schule lassen darf. (Mädchen gehen, wie Sie wissen werden, in keine Schule.) Man hat Beispiele, daß vereinzelte Knaben den Seelenverkäufern in die Hände fielen. Darum giebt jeder honette Vater, der es irgend vermag, seinem Sohn, wenigstens so lange er noch nicht recht trocken hinter den Ohren ist, einen Paidagogos, einen Knabenführer mit, natürlich einen verständigen, bewährten, möglichst gelehrten (und wir haben unter den Sklaven sehr gelehrte Leute), einen Vertrauensmann, der ihm Abends zu Bette leuchtet, ihn Morgens mit dem Hahnschrei aus dem Schlafe rüttelt und an die Arbeit treibt, Abwartdienste versieht, ihn dem Professor präsentirt und ihn ins Colleg begleitet. Im Hörsale haben die Pädagogen ihre besondern Plätze. Ist der Herr Professor artig — und das sind sie ja alle — so reicht er dem Pädagogen hin und wieder einen Stuhl — gibt ihm eine Erkenntlichkeit, ladet ihn ein 2c. 2c.; denn er hat seine Gründe, es mit dem Pädagogen nicht zu verderben. Zu Hause hält der Pädagoge den jungen Herrn möglichst zum Privatstudium an und zu dem Ende ist ihm die ganze elterliche Gewalt übertragen, inclusive Fuchtel und Lederriemen. Ich kann sie versichern, es gibt Pädagogen, die tüchtig dreinschlagen. Ist der Bursche krank, so pflegt ihn sein Pädagoge oft zärtlicher, als eine Mutter oder Amme. Es giebt recht edle und aufopfernde

Seelen unter diesen Hütern. Man hat solche gesehen, die nach dem Tode ihres Pfleglings untröstlich waren, nicht von seinem Grabe weichen wollten und vor Gram starben. Die Person des Pädagogen gilt für heilig und unverletzlich, wenn er sich nicht herabwürdigt; denn es gibt auch schlechte Pädagogen. — In Antiochia, wo nächst Athen die berühmtesten Sophisten (das ist der Titel der Professoren der Rhetorik) lehren, geschah es, daß ein Pädagog dem Professor der lateinischen Beredtsamkeit einen Schüler abwendig machte. Drob großer Ingrimm unter der Jugend. „Das ist ehrlos! Das ist schändlich! Er muß gelyncht werden!" Ein Complott wird angezettelt — der fehlbare Pädagoge von den erbosten Studirenden gepackt, auf einen Teppich gelegt und so lange in die Luft geschleudert, bis er halbohnmächtig und gerädert — er fiel nicht immer auf die Decke zurück, — sich heimschleppt. Es wurde geklagt, die ganze Stadt kam in Aufregung. Die Schüler des Professors Libanius (damals in Antiochia) sind ihm bei der Gelegenheit sämmtlich davon gelaufen und haben sich einen Tag Ferien gemacht, um bei dem Spektakel zu sein. Wie sie wiederkommen, hält er ihnen eine tüchtige philippica, die er der Nachwelt hinterlassen hat. „Eigentlich", sagt er, „hätten sie verdient, daß er sie mit dem Stocke und der Peitsche traktirte. Es sei schon vom Uebel, wenn sich Studirende an gewöhnlichen Bürgersleuten vergriffen, — auf einen Goldschmied schimpfen, einen Schuster necken, einen Zimmermann schlagen, einem Weber einen Tritt geben, einen Krämer beim Kragen nehmen (wer denkt nicht an das unbeschreibliche Selbstbewußtsein, mit dem so ein ächter Jenaer-Bursch auf sogenannte „Knoten" herabsieht) — das alles sei nicht nobel, aber doch schon dagewesen. Aber einen Pädagogen mißhandeln, das sei unerhört, das sei eine Entwürdigung eines der ehrbarsten und nützlichsten Stände — das sei zu seiner Zeit noch nicht vorgekommen ꝛc. ꝛc.

Bei alledem ist der Pädagog doch kein **Vater**, er ist ein **Zuchtmeister**, darum sagt Paulus I. Cor. IV., 15: Ob ihr gleich 10,000 Pädagogen hättet, so habet ihr doch nicht viele Väter, denn ich habe euch gezeuget in Christo Jesu durch das Evangelium". Der Pädagoge ist auch **nicht der rechte Lehrer, aber er führt zu ihm**. Vielleicht, verehrte Anwesende, ist Ihnen nun auch der tiefe Sinn jenes andern göttlichen Wortes im Munde desselben Paulus klar. Gal. III. 24, 25: „Also ist das Gesetz unser Pädagog — (Luther: Zuchtmeister) gewesen auf (d. h. bis zu) Christo, daß wir durch den Glauben gerecht würden. Nun aber der Glaube gekommen ist, sind wir nicht mehr unter dem Pädagogen."

Ein seltener Fall ist's, daß Väter selbst Pädagogen ihrer Söhne sind. Ein Vater brachte einmal seine zwei Söhne dem Libanius. „Wo ist der Pädagog?" fragt der Professor verwundert, Du wirst Deinen Söhnen doch nicht solche Freiheit lassen? „Der bin ich selber," antwortete der Vater.

Uebrigens Pädagogen hin, Pädagogen her, Athen ist das Eldorado der Studenten. Sie machen so ziemlich, was sie wollen, und sind die Meister in der Stadt — schon durch ihre große Zahl. — Nirgends glaub ich, ist man nachsichtiger gegen ihre Tollheiten und Streiche. Es wird hier gar verschiedentlich studirt. Wenn gewisse flotte Burschen trotz Pädagogen und Gesetzen mehr auf der „Studentenjagd", (siehe unten), beim Ballspiel, im Theater, bei Schlägereien und „Scandal", als im Hörsale zu finden sind — das vom Papa für den Sophisten mitgebrachte Geld in Saufgelagen, Würfelspiel oder Aergerem „fidel" durchbringen — ganze Nächte durchschwärmen, dann Kleider und Bücher zum Wucherer tragen und schließlich — verlumpen, so gibt es hinwiederum hier auch recht wackere und liebenswürdige Studirende, solide Häuser, die gewissenhaft und angestrengt arbeiten.

Als der gefeierte Prohaeresius, den wir soeben als alten Mann kennen gelernt, als junger Student mit seinem Kameraden Hephästion hier ankam, waren beide so arm, daß sie wohl 3 bis 4 Decken und einige Unterkleider, aber zusammen nur einen, sage: einen, noch dazu ziemlich fadenscheinigen Ueberrock besaßen. Was thun? Ohne den Ueberrock oder das hier übliche Studentenmäntelchen, kann man doch nicht ins Kolleg. Da steckt sich am ersten Tage Prohaeresius in den Ueberrock und geht in die Vorlesung. Hephästion bleibt in den Decken und studirt. Prohaeresius bringt ihm die Diktate nach Hause. Am folgenden Tage kommt die Ehre des Ueberrockes an Hephästion, während Prohaeresius im Bette das Geschriebene lernt. So studiren sie selbander und verlieren nichts von dem köstlichen Unterricht.

Ganz Athen, sagt Gregor von Nazianz, ist in die Sophisten förmlich vernarrt. Nun herrscht überall in den Sophistenschulen die merkwürdige Sitte, daß man nur einen Professor hört. — Jeder Sophist trägt einen vollständigen Curs vor. Sich gemeinsam die Pensen zu vertheilen, dazu sind die Herren zu eifersüchtig jeder will der Hahn in seinem Hühnerhofe sein. Während des Lehrkurses Lehrer zu wechseln, wird als eine Art Felonie und Treubruch angesehen. — Die tausende von Studenten aus allen drei Welttheilen gruppiren sich in Landsmannschaften, Corpsverbindungen aller Art und haben ihre Senioren und Anführer. Jede Landsmannschaft hat in der Regel ihren Sophisten, dem Sie mit Leib und Seele anhängt; ich sage mit Leib — denn die Fäuste spielen da eine große Rolle.

Zwischen den Landsmannschaften gibt es beständige Raufereien, Duelle, oft förmliche Schlachten und Corpshatzen, wo Steine, Knittel, — ja auch Klingen gebraucht werden. Ich habe nicht gehört, daß gerade lebensgefährliche Verwundungen vorkommen, — aber die Aerzte haben oft viel zu verbinden. Sie fragen: Wo bleibt denn die Polizei? Sind wir nicht im römischen Polizeistaate? Freilich, freilich, aber wo kein Kläger ist, ist auch kein Richter, und in Athen ist man an so was gewöhnt, und denkt, Jugend habe keine Tugend. — Und der akademische Senat? Es gibt keinen. Und der Stadtrath? — Der hat keine Gerichtsbarkeit. Und die Professoren? Die sehen es gerne, wenn ihre Schüler sich für sie schlagen. Der obenerwähnte Libanius, als er später in Antiochia dozirte, wirft in einer Anrede an seine Schüler denselben geradezu vor: „Sie hätten keine Liebe für ihren Lehrer; ehemals habe man häufig Studenten gesehen, die ein paar Schmarren im Gesicht trugen, die sie in einer Schlägerei für ihre Professoren erhalten. Die Väter hätten sich drob gefreut, wenn die Söhne brav Beulen und Narben von der Schule heimgebracht. Solche Liebesangedenken an die Lehrer habe man bisweilen Zeitlebens mit sich herumgetragen. Jetzt sei das aus der Mode gekommen c.". — Was sagen Sie zu dieser Professorenmoral? — Doch muß ich Ihnen ein kleines Geständniß ablegen. Mitten in dieser Rohheit liegt für mich etwas Rührendes in dieser leidenschaftlichen Hingabe an einen geliebten Lehrer; dieses Schwärmen, dieser Petruseifer, der, freilich gar zur Unzeit, das Schwert für den Meister zieht, ist mir immer noch lieber, als wenn vielleicht spätere Studentengeschlechter nicht mehr für die Professoren, sondern höchstens für ein „dummer Junge" oder gar aus purer Langeweile sich gegenseitig die Nasen abschneiden, oder ihre Pietät

gegen ihre akademischen Obern durch — „stille Verachtungs=
bummel" ausdrücken werden.

Zum Ueberfluß residirt drei Meilen von hier in Korinth
der römische Präfekt, — da kann man wegen Körperverletzung
klagen — wenn's gar zu bunt zugegangen, und, beiläufig ge=
sagt, solche gerichtliche Scenen gehören zu den ergötzlichsten
und sind für Professoren und Studenten ein wahrer Fund,
denn da beide selber plaidiren dürfen, haben sie die vortreff=
lichste Gelegenheit, nach der Kraft der Fäuste auch die Schnel=
ligkeit der Zunge aneinander zu üben und zu zeigen, daß sie
nicht umsonst Rhetorik lernen.

Lassen Sie mich ein Histörchen der Art erzählen.

Die Lakonen oder Lakedämonier hatten ihre Landsmann=
schaft unter einem gewissen Themistokles. Ihr Professor hieß
Apsines. Nun zeichneten sich, — wie Sie wissen —, die
Lakedämonier, wie unsere Emmenthaler, mehr durch kräftige
Arme, als durch rasche Intelligenz aus. Da begab es sich,
daß besagte Lakonen zur Abwechslung einmal wieder die
Schüler des Professors Julianos vaterländisch durchgeprügelt
und obendrein noch die Frechheit hatten, das praevenire
zu spielen und beim römischen Präfekt Klage zu führen, als
wären sie die Angegriffenen. Der — ich glaube er hieß Ana=
tolius, ein trockener Römer, läßt ohne viel Federlesens, und
ohne Respekt für die Musen, die fälschlich Angeklagten
sammt ihrem Professor Julianos binden und einstecken. —
Der Gerichtstag erscheint; die Parteien werden vorgerufen;
die Lakonen als Kläger, ihren Professor Apsines an der Spitze,
der gekommen ist, wie er sagt, „um für seine Kinder zu
kämpfen" Auf der Anklagebank sitzen Professor Julianos und
seine Schüler, letztere noch mit zerzausten Haaren. — Ihro
Gnaden, mit der feierlichen Gravität einer Excellence de

Berne unter dem leichtfertigen Waadtländervölflein, herrschen sie an: „Ihr sollt gleich erfahren, wie Römer die Gerechtigkeit handhaben! — Professor Apsines hat das Wort. Ich verbiete aber jede Beifallsbezeugung". — Aber, o Schreck! Da begegnet dem gelehrten Herrn was sonst einem Advokaten, geschweige einem Sophisten, selten begegnet: Er fängt damit an, daß er — stecken bleibt. Die Reihe kommt an den Rädelsführer Themistokles und seine Lakonen. Auch sie verstummen, denn sie hatten sich auf ihren Professor verlassen und waren nur gekommen um ihn mit einigem Geschrei zu unterstützen. — Ihr Gegner, Prof. Julianus bemerkt höhnisch: „Sie haben, Herr Präfekt, wie es scheint, durch die Uebermacht Ihrer Gerechtigkeit den Apsines in einen Pythagoras umgewandelt; er hat das Schweigen zwar spät, doch rechtschaffen gelernt; daß er auch seine Schüler längst in der Verschwiegenheit geübt, davon können Sie sich jetzt überzeugen. Nun gestatten Sie meinem Schüler Prohaeresius das Wort." — Gestattet. — Da steht ein schöner, groß gewachsener Jüngling auf; keck und sicher tritt er auf, und hebt an, mit enormem flux de bouche zu plädiren. Zuerst ein hübscher Eingang, berechnet auf Erregung des Mitleids und Herausstreichen seines Lehrers; feiner Tadel des Landvogts wegen seinem übereilten Verfahren, dann zweites Proömium — dann die Argumentation und so fort, mit einer Redefertigkeit und einem Witze, daß der gestrenge Herr Präfekt zuletzt selbst seine ganze Gravitas und sein eigenes Gebot vergißt und in ein stürmisches Bravo ausbricht und mit ihm die ganze Zuhörerschaft. Alles klatscht — der stummtgewordene Apsines nicht ausgenommen. Die Redekunst hat triumphirt. Professor Julianos weint vor Freuden. Natürlich lautet der Urtheilsspruch: Nicht schuldig! Hingegen ließ der Präfekt die bösen

Lakonen ein Bischen — geißeln, und damit hatte es sein Bewenden. — Ich denke fast, daß in 1500 Jahren man es als ein freches Attentat gegen die Menschenwürde betrachten würde, Studenten zu geißeln. Aber jetzt in Athen macht man sich noch nicht viel daraus.

Ein absonderliches Pläsir in unserm Studentenleben bildet die Studentenjagd. — Wie schon gesagt, theilen sich die Studiosi in viele Landsmannschaften, die sich besondere Professoren auserkiesen. Je nach dem Ruf des Sophisten hat er deren mehr oder weniger. Prohaeresius z.-B. herrscht über den größten Theil des Orients; Pontier, Lyrier, Bithyner, Lydier, Cappadocier — schwören zu ihm; sein Reich geht bis an den Taurus. Diophantes muß sich mit den Arabern begnügen. Andern Sophisten fallen die ägyptischen Studenten, andern die Weströmer zu. Die ganze Stadt nimmt Partei — nicht blos die Corps, nicht blos die Pädagogen sammt Stiefelfüchsen — nein sogar die ehrbare Zunft der Philister, ja die Wirthsleute, Fuhrleute, Schiffer, bis zu den Packträgern, sind für oder wider einen Sophisten. Seinem Lehrer einen neuen Schüler zuführen, ist ein eklatanter Sieg. Am meisten werden die per Meer neu ankommenden Studirenden — (vulgo Füchse) — aufs Korn genommen. Es werden förmliche Treibjagden auf sie angestellt. Am hitzigsten ist natürlich die Jagd beim Beginn der Collegien, wenn die meisten Studirenden aus der Fremde kommen, etwa Anfangs Winters. Nicht blos der große Seehafen des Piräus, sondern jede Rhede, jeder Landungsplatz, Wege und Stege bis zum Cap Sunium hinab, wo man nur vermuthet, daß ein Schiff anlegen könnte — sind Tag und Nacht, bald von diesen, bald von jenen besetzt, die auf die Ankommenden lauern. Kaum hat so ein armes Füchslein den schüchternen Fuß aufs Trockene gesetzt — so sieht es sich schon, vielleicht noch seekrank, umzingelt, durch Zureden und Schmeicheleien für eine Landsmannschaft und einen Professor geworben. Bisweilen heißt es: und folgst du nicht willig, so brauch' ich Gewalt. Der junge Libanius aus Antiochia war in der bestimmten Absicht nach Athen gekommen, sich beim Sophisten der Syrer anschreiben zu lassen, fiel aber gleich einem eifrigen Trupp aus einer andern Schule in die Hände, dem er am folgenden Tage wieder von einem andern abgejagt wurde. „Du hörst bei Aristodemus"! — Ich will nicht! — „Du mußt!" — Man sperrt ihn in ein Faß ein, bis der Gequälte um Gnade bittet und Alles verspricht. Er muß einen Eid ablegen und selbst die Reklamationen seines rechtmäßigen Professors konnten ihn nicht mehr befreien. Doch schonte man ihn insofern, als er von den Duellen und Schlachten der Landsmannschaft dispensirt wurde und passiver Zuschauer sein durfte, was ihm, wie er sagt, „viele Beulen und Schmisse ersparte."

Als Gegenstück mag eine Empfangsscene um Mitternacht im Hause eines Professors folgen. Der fünfzehnjährige Eunapius verläßt Asien mit einer ganzen Schaar von Verwandten und Landsleuten, die alle in Athen bei Prohäresius studiren wollen. Während der Ueberfahrt wird Eunapius fieberkrank. Mitten in einer Winternacht landet das Schiff im Piräus. Der Capitän läßt das junge Volk und die Dienerschaft aussteigen. Schon lauern die Studentenjäger, aber diesmal vergeblich; die Schaar der Ankommenden ist zu zahlreich — unter ihnen einige kräftige Gesellen; der Schiffskapitän, selbst Gastfreund des Prohäresius, versteht nicht Spaß. Der ganze Zug, der kranke Eunapius getragen, die Andern zu Fuß, marschirt in schweigender Nacht den drei Viertelstunden langen Weg vom Hafen in die Stadt direkt zur Wohnung des Prohäresius. Der Capitän, dem es eine Herzenslust ist, seinem alten Freunde eine solche Bande auf einmal zuzuführen, reißt mit Ungestüm die Thüre auf und jubelnd stürzt die Schaar herein. — Großer Allarm im Hause. — Lichter hin und her; Männer und Frauen durcheinander; vor Schrecken? nein, vor Freude! So viele neue Schüler! das ist ein Ereigniß. Der alte siebenundachtzigjährige Herr, ein stattlicher, noch rüstiger Greis steht auf. Das Herz lacht ihm im Leibe, wie er die muntere Schaar erblickt. Er bewillkommt Alle auf's herzlichste. Von Schlafen wird nicht mehr viel die Rede sein. Man lacht, man scherzt, man erzählt. Früh morgens ist man eifrig bemüht, den jungen Herren Quartiere zu suchen, und zwar bei den angesehensten Bürgern und Magistraten, man führt sie in der Stadt herum. Der kranke Eunapius wird einem Arzte aus Chios übergeben, der an ihm seinen Ruf neu begründet. Der alte Prohäresius empfiehlt ihn noch speziell den vornehmsten und stärksten seiner Zuhörer. „Wenn ihr mir einen Gefallen thun wollt," sagt er, „so führt ihn in's öffentliche Bad und verschont ihn mit jeder Neckerei und Plackerei."

Wie finden Sie diese Empfangsscene? Nicht wahr, diese väterliche Freude des Lehrers an den Schülern, mag auch etwas Eitelkeit dabei im Spiele sein, und die kindliche der Schüler an ihrem Lehrer, versöhnt Sie ein wenig mit unsern wilden Studenten. Sie müssen etwas nachsichtig sein. Es sind ja noch Heiden. Man sagt zwar, der alte Proffessor sei ein Christ — ich weiß es nicht recht — immerhin kein sehr entschiedener. Der junge Eunapius jedenfalls ist ein Stockheide und seine Kameraden vermuthlich auch. Was wird's erst sein, wenn einmal alle Professoren und alle Studenten Christen sind! Das müßte ein Leben sein! Die Zeit wird's lehren.

Was übrigens Prohäresius soeben vom öffentlichen Bade

und von Plackereien und Neckereien sagte, bezieht sich auf die Studenteneinweihung. Davon noch zwei Worte. Es gehört auch zum athenischen Studentenleben. Die Einführung in die edle Studentenschaft wird mit einer gewissen Feierlichkeit vorgenommen. Hat sich das junge Bürschlein, gern oder ungern, einer Verbindung angeschlossen und seinen Sophisten gewählt, so wird er von seinen Corpsburschen in Athen herumgeführt, traktirt; man zeigt ihm die Sehenswürdigkeiten ꝛc.; dabei wird er auf alle mögliche Weise, feiner oder gröber, geneckt und gefoppt. Aeltere „bemooste Häupter" schüchtern ihn ein, um ihn zahm zu machen. Ist er zum Voraus ein bischen instruirt, so lacht er nur dazu; Unerfahrene kriegen Angst. Dann führt ihn die Studentenschaft in pompösem Zuge, zwei und zwei, die Großmeister voran, zum öffentlichen Bade. Unter fürchterlichem Lärm und allerlei Hocuspocus wird der Eingang verweigert, ein Scheinkampf findet statt, bis endlich plötzlich die Thüren aufgehen und er mit einem Male, aller Plage frei, als ebenbürtiger Student das Mäntelchen empfängt.

Solche Kindereien, Fuchseinweihungen, Fuchstaufen ꝛc., werden voraussichtlich mit der Abnahme des Heidenthums in den kommenden ernstern Jahrhunderten spurlos verschwinden. Daher wollen wir sie hier notiren.

Vielleicht interessirt es Sie nun, zu vernehmen, was in jenen weltberühmten Hörsälen von unsern gefeierten Professoren dozirt wird. Wir haben bis jetzt nur die Außenseite des wissenschaftlichen Treibens beobachtet.

Durch welche Künste und Methoden, durch welchen Unterricht kann ein schlichter Jüngling aus Pontus oder Ober-Aegypten zu einem Demosthenes oder doch wenigstens zu einem leidlichen Redner gestempelt werden, qui sait se tirer d'affaire?

Ich kann Ihre Neugierde einigermaßen befriedigen. Es liegen vor mir eine Menge Excerpte aus den Heften eines unserer berühmtesten Rhetoren, des Libanius, der in Athen studirte, später selbst Lehrer in Athen wurde, dann in Constantinopel und Nicomedien und endlich in seiner Vaterstadt Antiochien eine vielbesuchte Rednerschule eröffnete, in der unter Andern auch ein sehr talentvoller und sehr gläubiger, christlicher Jüngling, Namens Chrisostomus, studirt. Der gelehrte, wenn auch nicht sehr sittliche Herr (er lebt in wilder Ehe), ist ein eingefleischter Heide, der die Christen immer nur „die Verfluchten," „die Gottesverächter" nennt. — Er hat dafür gesorgt, daß seine Rhetorik nicht mit ihm untergehe. Nebst vielen Glanz= und Gelegenheitsreden, einer Selbstbiographie, über tausend Briefen (er schreibt sehr witzig), die der Buchhandel schon weit verbreitet, haben wir von ihm eine stufenmäßig fortschreitende Aufgabensammlung, aus der wir so ziemlich den Lehrgang des mehrjährigen Kurses entnehmen können.

Zuerst kommen sogenannte:

Progymnasmata, stilistische Vorübungen für Anfänger: Nacherzählen von äsopischen Fäbelchen wie: die Auslieferung der Hunde, Wettlauf des Pferdes mit der Schildkröte, und Andere; dann größere Erzählungen.

Weiter: sogenannte Chrieen, das heißt Behandlung und Erklärung einer Sentenz oder eines Sprichwortes, z. B. des Spruches des Jsokrates: „Die Wurzel der Bildung ist bitter, aber ihre Frucht süß." — (Libanius fügt selbst ein recht geistreiches Müsterchen bei, wie etwa der Stoff zu behandeln sei.) — Ferner, der homerische Vers: „Ein Rathsherr darf nicht die ganze Nacht schlafen," soll beleuchtet werden. Nun geht's zum Schwerern, zu den sogenannten „Gemeinplätzen". — Es soll eine kleine Rede

angefertigt werden: „gegen den Mord," — „gegen Gift=
mischerei," — „gegen den Verrath," — „gegen einen Ty=
rannen." — Zur Abwechslung: „Vertheidigung des Tyrannen=
mordes."

Bisher Alles ziemlich verständig und bildend, ungefähr
wie in einer beliebigen modernen Anleitung zur Stylistik.

Achtung! jetzt geht's an die „Lobreden". (Geschickt
loben können, ist in der Welt eine feine Weisheit.) Lob des
Odyssens, Lob des Achilles, des Diomedes, ja sogar des
albernen Thersites. (Man kann nicht wissen, man kann in
den Fall kommen, auch dumme Leute loben zu müssen.) Lob
des Demosthenes, Lob der Gerechtigkeit, Lob einer schönen
Kuh (zu empfehlen z. B. bei einer Vertheilung von Vieh=
preisen in Erlenbach).

Was man lobt, muß man gelegentlich auch zu tadeln
verstehen: die Umstände können ja ändern. Also:

Tadel des Achilles, Tadel des Hector, Tadel des Reich=
thums, der Armuth, des Zornes, des Weinstockes.

In den bisherigen Uebungen schimmert schon etwas von
dem falschen Wesen durch, das die Sophistik von der wahren
Beredsamkeit unterscheidet.

Doch kommen noch ganz artige Themen zu Aufsätzen in
den „Vergleichungen". So: Schifffahrt und Ackerbau, Ajax
und Achill, Land und Stadt.

Solche Uebungen entwickeln das Denken. — Wie aber
nun die Ethopöen oder Charakterreden? Hier soll der Schüler
sich völlig in einen andern Charakter, in eine völlig fremde
Situation hineindenken und aus dieser heraus eine Rede
halten — für einen dramatischen Dichter oder Schauspieler
gewiß sehr wichtig, aber! aber! hier beginnt der schlüpfrige
Boden der Sophistik: das Spielen einer fremden Rolle. Da

soll so ein sechszehnjähriger Jüngling die Gefühle und Gedanken „der Medea ausdrücken, im Momente, wo sie ihre eigenen Kinder zu tödten im Begriffe ist." — Weiter: „Andromache's Trauerrede bei Hectors Leiche." — Schon erscheinen unnatürliche Themata, wie: „Was wird ein Maler sagen, der den Apollo auf Lorbeerholz malen will, wenn das Holz die Farbe nicht annimmt?" — „Rede eines Feiglings, der in seiner Wohnung eine Schlacht abgemalt sieht." — „Was spricht Medea, als Jason sie verläßt und eine andere heirathet?"

Ist es wohlgerathen, frage ich, Jünglinge, fast Knaben noch, Gefühle und Gesinnungen darstellen zu lassen, die sie nie gehabt, ja die sie vielleicht verabscheuen? Wird nicht so das Gewissen und das Wahrheitsgefühl allmälig abgestumpft?

(Von einigen geradezu unsittlichen Themen — Rede eines verliebten Eunuchen; Rede eines in ein gemaltes Mädchen verliebten Malers ꝛc. — würde ich lieber schweigen, wenn ich nicht wenigstens eine Andeutung geben wollte, auf welche Gebiete sich heidnische Rhetorik verirren konnte. Die ärgsten übergehe ich.) Dann immer und immer wieder der abgedroschene Wust der oft sinn- und sittenlosen, oft abgeschmackten Fabeln der alten Mythologie. Selten etwas aus der Nähe. Aus der Zeitgeschichte nichts. — Doch ich gehe weiter.

Es folgen „Schilderungen, Erzählende Beschreibungen," meist recht artig: „eines Trunkenen; des Frühlings, eines schönen Gemäldes." — Förmliche Abhandlungen: „Ob es gut sei, die Städte zu befestigen". Soweit was man den Ersten Kurs nennen könnte. Neben den schriftlichen und mündlichen Uebungen über alle obigen und viele ähnliche Themata ging natürlich einher: unausgesetztes Lesen der griechischen Klassiker, Auswendiglernen schöner Stellen, Deklamiren ganzer Reden. — Daneben, mittelst Handbüchern, Diktaten ꝛc.:

Einübung des ganzen, ungeheuer complizirten Systemes der alten Rhetorik, mit seinen hundert Eintheilungen, Redegattungen, Redetheilen, Stilarten, seinen tausend Regeln und Regelchen für alle erdenklichen Fälle, wie die Gläser, Töpfchen und Schiebkasten in einer Apotheke. Begreifen Sie, verehrte Anwesende, daß es Zeit braucht, bis so ein dickköpfiger Paphlagonier regelrecht eingeschult ist? — Aber Uebung macht den Meister. Durch unabläſſiges Anhören des Meiſters und seiner öffentlichen Prunkreden, durch beſtändiges Schreiben und Reden löſt sich allmälig das Band seiner Zunge.

Alles bisherige iſt aber eigentlich nur Vorübung. Jetzt erst geht es an die Geheimnisse der Kunst, in denen sich das Wesen der Sophistik mehr und mehr enthüllt.

Der vollendete Redner muß auf Alles Bescheid wissen, nie um Argumente verlegen sein, das pro und das contra gleich gewandt vertheidigen, das schwarze weiß, das weiße schwarz darstellen können. Er muß sich in den verwickeltesten und sonderbarsten Aufgaben zurechtfinden. Und nun erscheinen, verehrte Anwesende, in einem letzten Kurse des Meisters, eine Reihe der absurdesten, unglaublichsten, affektirtesten und zum Theil auch unsittlichsten Aufgaben, die je in einem Lehrergehirn aufgestiegen sind. Ueber alle sollen die Studirenden, zum Theil fast noch Knaben, kunſtgerechte, umfangreiche Reden ausarbeiten.

Hören Sie und staunen Sie.

1. Ein mürrischer Mann hat eine geschwätzige Frau. Er will sich aus Ueberdruß das Leben nehmen und kündigt seinen Entschluß dem Stadtrath an. Was wird er sagen?

2. Ein Schmarotzer will auf einem gemietheten Pferde zu einem Opferschmause reiten. Das Pferd, ein altes Rennbahnpferd sieht den Altar des Opfermales für die Kehrsäule

auf der Rennbahn an, schwenkt herum und reitet spornstreichs mit dem hungrigen Schmarotzer wieder nach Hause. Wie wird der Getäuschte den Vorfall zu Hause erzählen?

3. Ein Geiziger findet einen Schatz von 1000 Drachmen. Er gibt dem Staate 500 davon. Als man die 500 andern auch verlangt, will er lieber sterben. Seine Rede.

4. Ein mürrischer Vater ist ausgeglitscht. Sein Sohn lacht. Der Vater enterbt ihn. Rede des Vaters.

Was sagen Sie zu folgendem Falle.

5. Bei einem Brande hat einer seinen Vater gerettet; bei dem vergeblichen Versuche, seine Mutter zu retten, verliert er die Augen. Der Vater verheirathet sich wieder. Die Stiefmutter zeigt ihm Gift, das in dem Kleide des Sohnes gefunden worden. Befragt antwortet dieser Nichts. Der Vater enterbt den Sohn und setzt die Stiefmutter zur Erbin ein; des Nachts entsteht Lärm; man findet den Vater ermordet und das Schwert des Sohnes neben ihm; die Stiefmutter neben dem Vater schlafend. Der blinde Sohn ist auf dem Wege, der zu seiner Privatwohnung führt. Sohn und Stiefmutter klagen sich gegenseitig vor Gericht an. Nun, meine Herren Studirenden, an die Arbeit: verfassen Sie die Rede und Gegenrede beider.

Die geforderte Redegattung heißt in der Kunstsprache ein: $\sigma\tau o\chi\alpha\sigma\mu\acute{o}\varsigma\ \acute{\alpha}\nu\tau\varepsilon\gamma\varkappa\lambda\eta\mu\alpha\tau\iota\varkappa\acute{o}\varsigma$!

Doch, es ist genug. Die standalösesten Themata, abscheulich unsittliche Fälle, verwickelt mit Ehebruch und Schlimmerem, kann ich natürlich nicht anführen. Das Papier wird nicht roth, aber Sie, verehrte Anwesende, würden erröthen!

Das sind also die Uebungen, durch die in Antiochia, und wohl auch in Athen, Carthago, Rom, Alexandria, kurz in

allen Rednerschulen von Spanien bis an den Euphrat, die
Schüler zu Rednern gebildet werden. Heißt das nicht den
gesunden Verstand und das Bischen Wahrheitsliebe unserer
Jugend mißbrauchen und mißhandeln, ihre Phantasie besudeln,
und dem Unsinn die Krone aufsetzen?

Das ist wahr, das subtile Denken und die Zunge werden
durch solche Exercitien auf die Länge merkwürdig sein ge=
schliffen. Aber das Herz?

Es ist kaum glaublich, zu welchem Grade der Ausbildung
einige dieser Herren die Zungenfertigkeit gebracht haben.
Demosthenes ist nichts dagegen. Er hat seine besten Reden
mühsam vorbereitet. Die Sopisten aber brauchen das nicht. Aus
dem Stegreif reden ist ihre Hauptforce. Kraft ihrer univer=
sellen Bildung und Belesenheit, verbunden mit beständiger
Uebung sind sie in Stand gesetzt, unvorbereitet über jeden be=
liebigen Gegenstand stundenlange, mehr oder weniger hübsche
Vorträge ohne Anstoß zu halten. Geben Sie dem Sophisten
auf, was sie wollen, ein Thema aus der Literatur, Botanik,
Militärwissenschaft, Politik, Musik — es ist alles gleich.
Man hat einem von ihnen aufgegeben, eine Lobrede auf einen
Floh zu halten. Er löste seine Aufgabe perfekt. Auf Ver=
langen wird er ihnen eine treffende Vertheidigungsrede für den
Selbstmord halten und gleich darauf schlagend nachweisen,
daß er ein Verbrechen sei. Geben Sie ihm einen Stein,
eine Stecknadel — alsbald entrollt seinen Lippen ein nicht=
endendes blumiges Band geistreicher Reden. Alles gespickt
und gewürzt mit hübschen Verschen, duftenden Sentenzen,
zierlichen Antithesen, geistreichen pointes — So daß Sie,
ganz betäubt, geblendet, schwindlig, vor seiner Suada die Segel
streichen und anerkennen, daß die Rhetorik eine Macht ist. —
Der Sopist hat Antwort auf Alles. Er versteht sich gele=

gentlich auch auf allerlei nette, dialektische Kunstgriffe — παλαίσματα, mit denen man den schlichten Gegner, der sie nicht kennt, momentan überrumpelt und mundtodt macht. Soll er Ihnen z. B. beweisen, daß Sie Hörner haben? — Nicht wahr, mein Herr, was man noch nicht verloren hat, das hat man noch? Ja. — Haben Sie je Hörner verloren? — Nein. — Also haben Sie noch Hörner. — Soll er beweisen, daß es in der Welt keine Kahlköpfe gebe? — Nehmen Sie den dichtbehaartesten Menschen, nehmen Sie Absaloms Haarbusch. Ziehen Sie ihm ein Haar aus. Ist er dadurch kahlköpfig geworden? — Nein. — Ein zweites! und jetzt? — Noch nicht. Ein drittes und so fort, bis keines mehr ist; und nun sagen Sie mir beim wievielten denn eigentlich die Kahlköpfigkeit eingetreten ist? — Sie werden es nicht können, denn durch Entziehung e i n e s Haares wird Niemand kahl. Also wird man es gar nicht. — Disputiren Sie mit solchen Leuten!

Mir graut vor einer solchen Weisheit. Wenn die Beredsamkeit die Kunst ist, seine ehrliche Ueberzeugung, seine Gefühle und Gedanken im Dienste der Wahrheit mit der größtmöglichen Vollkommenheit, Klarheit und Schönheit, mit überzeugender Wärme durchs Wort kund zu geben, dann ist sie ein herrlich Ding. Aber solche Redekünste, wie wir sie geschildert und gar noch im Solde eines bösen Herzens, das ist eine Waffe aus Satans Rüstkammer. Solche Weisheit ist wie Jakobus sagt: „irdisch, menschlich, teuflisch". — „Wehe denen, sagt der Herr (Ej. V. 20) die Böses gut und Gutes böse heißen; die aus Finsterniß Licht und aus Licht Finsterniß machen; die aus bitter süß und aus süß bitter machen. Wehe denen, die bei sich selbst weise sind und halten sich selbst für klug."

Aber die Sophistik ist die Krankheit unseres 4. Jahr-

hunderts. Nur immer sch ein en, statt sein! Lieber schöne
Reden, als gute Thaten. Was liegt daran, wie man denkt
und handelt; was liegt am Ende an der Wahrheit selbst,
wenn man nur über Alles einen Schwall geistreicher Worte
ergießen kann.

Das ist eben die „falsch berühmte Kunst", in der unser
Athen einen so außerordentlichen Ruf besitzt. Sie zu lehren
sind zahlreiche berühmte Lehrer angestellt — sie zu lernen,
strömen heidnische, aber leider auch christliche Jünglinge aus
allen Weltgegenden hier zusammen. Denn wir haben keine
Wahl; es gibt noch keine christliche hohe Schule. Entweder
bloßes Christenthum, die Bibel, ohne höhere Schul= und Welt=
bildung, d. h. das Mönchsthum, wie viele glauben; oder die
heidnische Bildung mit all' ihrem verderblichen Unsinn. Und
doch, wäre nicht noch ein drittes denkbar: gründliche und
klassische Schulbildung auf Grund der Bibel und des Christen=
thums? Wer weiß, vielleicht geschieht es noch. Was Wunder
aber, wenn unsern besten, christlichen Predigern, unsern fröm=
sten Männern, die solche Schule durchgemacht, von dieser
Erbsünde der Sophistik, der Unwahrheit, der Unnatur, dem
Schwulste zeitlebens ohne ihr Wissen etwas anhängen wird?
Einzig die Bibel, mit ihren urkräftigen Lebenskeimen, ihren
Leib, Seele, Geist und Leben, Gesellschaft und Wissenschaft regene=
rirenden Gottesworten, und — ein vollständiges Brechen mit
der alten Tradition kann uns aus dem faulenden Sumpfe
eines trotz Kaiserthum und Legionen, trotz Civilisation und
Rhetorik dahinwelkenden Heidenthums retten, wenn anders
Gott das römische Reich lange genug stehen läßt.

Was die bürgerliche Stellung der Sophisten betrifft, so
sind dieselben nicht mehr wie zu Sokrates Zeiten, wandernde
Lehrer, sondern fix angestellte Professoren der Städte, die in

Folge einer öffentlichen Prüfung, nachdem der kaiserliche Präfekt ein Sittenexamen vorgenommen, vom Stadtrathe ernannt und durch kaiserliches Dekret bestätigt werden. Doch gibt es auch Privatdozenten. Der Sophist erhält von der Stadtbehörde eine Besoldung, bezieht ein Honorar und Geschenk von den Studirenden und oft eine Staatszulage vom Kaiser. Er gehört natürlich zu den Honoratioren der Stadt, erhält oft Bürgerrecht und wird, was freilich in unserer Zeit, wo die sogenannten Curiallasten immer drückender werden, ein zweifelhafter Vortheil ist, leicht Mitglied des Stadtrathes. Er ist ferner befreit von Militärdienst und Einquartirung. Morgens dozirt er bis Mittag, dann geht er in's Bad und frühstückt. Nachmittags ist keine Schule. Abends geht er in Gesellschaft, schreibt Briefe, arbeitet 2c. Mehrmals monatlich ist große Rezeption beim kaiserlichen Beamten. Da haben die Sophisten großen Einfluß, den sie geschickt benutzen, um Schüler für Stellen zu empfehlen, Nebenbuhler herunterzuintriguiren. Der Briefwechsel mehrerer Sophisten, deren Schüler sich in alle Weltgegenden zerstreuen, ist enorm. Arme Studenten werden an reiche Freunde, talentvolle an mächtige Gönner empfohlen. Libanius schreibt an Andronikus: „Da schicke ich dir den guten Bassus. Er bringt eine Rede und ein Geldbeutelchen: die eine möchte er hersagen, das andere füllen. Dir würde beides Ehre machen." — Ja sogar mit christlichen Bischöfen sind die heidnischen Professoren in eifrigem Briefwechsel. Man hat sich vertragen gelernt, vielleicht nur zu gut. Libanius, dessen Christenhaß wir berührt, bittet einen gar berühmten Bischof um Mittheilung einer effektvollen Predigt über die Trunkenheit, die große Sensation gemacht habe. Er, Libanius, hatte selbst eine Deklamation über das gleiche Thema gemacht. Allein aus seinen 1600—2000 Briefen (die Aechtheit vieler

ist zweifelhaft) ließe sich ein anschauliches Bild der gesell=
schaftlichen Beziehungen dieses Jahrhunderts zusammenstellen.

Bei alledem sind unsere berühmten Professoren der Be=
redsamkeit oft gar arme Menschen, viel geplagt von unmäßiger
Eitelkeit, bekümmert um ihren Ruhm, geängstigt durch den der
Nebenbuhler, beständig besorgt, Schüler zu verlieren. Viele
naive Aeußerungen in ihren Deklamationen, gehässige Ausfälle
auf ihre Gegner, bittere Vertheidigungen gegen böse Gerüchte,
lassen uns oft Blicke in friedelose Seelen thun. Libanius, als
er einmal mit einem Vortrage Fiasco gemacht, behauptete
geradezu, er sei von seinem Nebenbuhler behext worden. In
einer drolligen, humoristischen Rede läßt er sich halbscherzend
also vernehmen:

„Ein Sophist ist wirklich ein geplagter Mensch, ein wahrer
Sisyphus, wie Homer ihn schildert, immer nur Reden aus Bü=
chern schöpfend und wieder von sich gebend. Nicht nur ist er ab=
hängig von all' den Schülern, über die er herrscht, er ist abhängig
von vielen Pädagogen, abhängig von den Eltern, von der Groß=
mama, von der Amme, vom Großpapa. Gelingt es ihm nicht aus
den Jungen und wären sie noch so hölzern, lauter Göttersöhne zu
machen, so ergießt sich ein Strom von Klagen über ihn und er darf
nicht einmal antworten. Er ist abhängig von den Thorwächtern
und Wirthen, daß sie vor den Fremden gut von ihm reden.
Sein strengster Herr aber ist der Stadtrath, der mit ein
paar Zeilen ihn erheben oder erniedrigen, sein Schicksal lenken,
ihn absetzen oder ihm Nebenbuhler an die Seite stellen kann.
Er muß bei den Großen antichambriren, dem Portier schmei=
cheln und sich oft abweisen lassen. Noch habe ich die schlimmste
Abhängigkeit nicht genannt: die Abhängigkeit von der öffent=
lichen Meinung bei seinen öffentlichen Vorlesungen. Er bedarf
Lob; der größere oder schwächere Beifall entscheidet für ihn
über das Schicksal des Tages. Da ist ihm unter dem Publikum

Niemand zu gering, kein Handwerker, kein Soldat, kein Pädagog; jeder, der irgendwie durch Lärm zum Beifall beitragen kann, ist ihm wichtig. Er ist ein Sclave Aller, die Hände und Zunge haben. Hat er endlich, nach gelungener Rede, Allen gedankt mit Händen, Kopf, Blick und Kleid, und Allen den Hof gemacht, so geht er mit Selbstbewußtsein nach Hause, als wäre er — ein freier Mann!"

Diese publica oder öffentlichen Vorlesungen, auf die Libanius anspielt, zu denen das ganze Publikum eingeladen ist und die etwa monatlich einmal von den Professoren der Reihe nach gehalten werden, gehören zu den wichtigsten Ereignissen im Leben eines Sophisten. Da rüstet er seine glänzendste Beredsamkeit, „nimmt alle Kraft zusammen, die Lust und auch den Schmerz," bietet Alles auf, Costüm, Deklamation, Gesten, Witz, Stil, Gedanken, um einen gewaltigen Effekt zu machen, wo möglich einen rasenden Beifallssturm hervorzurufen. Sie müssen nämlich wissen, daß das Beifallklatschen bei uns im Orient eine wahre Manie ist. Ich weiß einen frommen Bischof, der sein Publikum oft schon vergeblich gebeten hat, doch während der Predigt in der Kirche nicht zu klatschen, sondern ihren Beifall lieber durch die That zu zeigen. Aber was sage ich klatschen! Für den Sophisten ist das noch nichts. Nein, rufen, brüllen, stöhnen, vor Bewunderung aufstehen, sich wie unsinnig umdrehen, am Ende der Rede über den Sophisten herfallen, ihn umarmen, küssen, ihm die Brust belecken (ich übertreibe nichts und könnte Ihnen die Stelle citiren), das ist erst der rechte Gipfel des Beifalls, l'exquis du genre. Wir sind so weit gekommen, daß förmliche chefs de claque angestellt werden, die bei den zu bewundernden Stellen das Zeichen zum Losschlagen geben und das Klatschen im Takt dirigiren. Ja, der Redner hat auch wohl zum Voraus in seinem Manuscripte die Stellen und Pausen bezeichnet, wo der Beifall erwartet wird. — Ist nun das Klatschen mäßig, das Geschrei erträglich, das Aufstehen matt, so ist der Sophist ein geschlagener Mann — diem perdidit — und geht traurig nach Hause.

Ich hätte Ihnen, verehrteste Anwesende, noch Manches über die Sophisten mitzutheilen. Ich habe mir Vieles notirt über ihre Lehrmethode, ihre große Belesenheit und ausgebreiteten Kenntnisse, ihre oft wirklich Erstaunen erregende Gewandtheit im Reden, ihren ausgedehnten Briefwechsel, den Einfluß, den sie auf ihr Zeitalter ausübten, dann wieder über ihre Oberflächlichkeit und Unwahrheit, — über den elenden Gemüthszustand so mancher Sophistenseele, nach ihren eigenen Aeußerungen; endlich über die Hohlheit, die schreckliche innere Leere der Bildung jenes ganzen Zeitalters eines sinkenden Heidenthums, wo einzig bei den Christen durch den Besitz der Bibel ein verjüngender Quell lebensfrischer Gedanken sich in die verschiedenen Lebensgebiete einen Weg bahnte, ohne jedoch das abgelebte römische Reich durchdringen zu können. Aber — die Stunde mahnt. Vielleicht daß anderweitige Gelegenheit zu weiteren Ausführungen für Alterthumsfreunde geboten wird. — Ich will Ihnen zum Schlusse noch das Bild zweier christlichen Studentenleben mitten in der Heidenwelt, so gut ich kann, vorführen. Es sind jene zwei Freunde Basilius und Gregorius von Nazianz, mit denen wir vor Kurzem schon Bekanntschaft gemacht haben, Beide aus Kappadozien in Kleinasien. Basilius stammt eigentlich aus einer alten christlichen Familie im Pontus, in der schon viel Märtyrerblut geflossen. Sein trefflicher Vater, ebenfalls Basilius mit Namen, und seine fromme Mutter Emmelia, eine vornehme Kappadozierin, erzogen ihre fünf Kinder in der Zucht und Vermahnung zum

Herrn und weihten sie frühe in die heiligen Schriften ein.
— Sein sehr gebildeter Vater gab ihm den ersten Unterricht
in den Schulfächern. Vor Allem aber lernte der junge Basi=
lius den Heiland und sein Wort kennen. Dann ging er nach
Cäsarea in Kappadozien, wo schon tüchtige, höhere Schulen
waren. Hier schloß er sich eng an den gleichgesinnten etwas
älteren Gregorius von Nazianz an. Ihre Studienwege trennten
sie eine Weile, aber in Athen fanden sie sich wieder bei Pro=
häresius und Himerius. Sie waren nun unzertrennlich. Sie
beteten zusammen und lasen Gottes Wort zusammen. Das
hielt sie unbefleckt von der Welt. Dabei studirten sie uner=
müdlich, nicht bloß Rhetorik, sondern Philosophie, Mathematik,
alte Literatur, trieben Musik, — Basilius sogar Medizin,
wozu ihn seine Kränklichkeit veranlaßte, und was ihm später
bei der Errichtung von Krankenhäusern, an deren Einrichtung
er schon damals dachte, sehr zu statten kam. — Wie ein
Strom süßen Wassers, der durch das salzige Meer fließen
würde, ohne sich zu vermischen, durchlebten sie die Gefahren
Athens und des Studentenwesens; „wie Bienen — es sind
ihre eigenen Worte — selbst aus Giftpflanzen noch Honig
saugend," suchten sie aus den zum Theil sehr unsaubern Unter=
richtsstoffen, die ihnen zugewiesen wurden, das zu ziehen, was
für ihre Seelen gut war. Im Theater sah man sie selten,
bei Gelagen und Schlägereien wohl nie; desto mehr in den
Versammlungen der Christen. Hingegen stifteten sie einen
Verein von Gleichgesinnten, die am Gleichen Freude hatten,
wie sie. Basilius war der Vorsteher desselben.

„Wir hatten uns vorgenommen," schreibt später Gre=
gorius, „uns von der Welt loszureißen, mit Gott und vor
Gott zu leben, und hier unten nach dem zu trachten, was
droben ist". So traten sie fest und friedlich in den wilden

Strudel des Studentenlebens und blieben von der allgemeinen Verderbniß unversehrt, wie einst Daniel und seine drei Freunde in der kaiserlichen Hofanstalt Nebukadnezars in Babylon treu ihrem Herrn dienten und dabei tüchtig lernten, so daß sie am Ende zehnmal klüger erfunden wurden als alle Weisen und Chaldäer. Kein Wunder! „Ich bin gelehrter," sagt der CXIX. Psalm, „als alle meine Lehrer, denn deine Zeugnisse sind meine Rede!"

So waren auch Basilius und Gregor die Lieblinge ihrer Lehrer, und, seltsam! sogar die Studentenschaft hatte die größte Achtung für sie und Basilius war beinahe der Einzige, dem die lächerliche Studentenweihe erlassen wurde.

Sie wissen es, verehrteste Anwesende, Gregorius und Basilius sind später ausgezeichnete Kirchenväter geworden, schöne Lichter und Säulen in der Kirche, tapfere Kämpen für die Wahrheit. Ihr Zeugniß hat Viele zur Wahrheit geführt; ihr Wandel, ihre Werke, ihre Liebe viele Heidenherzen für Christum gewonnen.

Ich eile zum Schlusse.

Die Namen jener berühmten Sophisten — Prohaeresius, Himerius, Libanius sind längst verklungen. Ich habe sie mühsam aus bestaubten Folianten wieder hervorgesucht, um sie Ihnen vorzustellen. Aber die Namen ihrer christlichen Schüler, Gregorius, Basilius, Chrysostomus leben noch und ihre Schriften wirken noch im Segen. Die Sophisten suchten nur den Schein — die Kirchenväter hatten die ewige Wahrheit in der Offenbarung. Selbst der Titel eines Sophisten, einst einer der ehrenvollsten, ist jetzt ein Spottname geworden; denn unter einem Sophisten, versteht man heutzutage nur noch Einen, der durch Redekünste die Wahrheit verdreht. Die Sophistenschulen sind, Gottlob! auf immer geschlossen. Aber ist damit auch die Sophistik verschwunden? Wie lange ist der Mann gestorben, der sagte: „La parole a été donnée à l'homme pour déguiser sa pensée?" — Auch die Sophistik ist älter und in der Menschheit tiefer eingewurzelt als man glaubt. Der älteste und größte Sophist war die Schlange im Paradies mit ihrem: Sollte Gott gesagt haben . . . und der zweitälteste und zweitgrößte Sophist ist das sündige Menschenherz. Ein Jedes von uns trägt ein Stück Sophist u sich. —

Und endlich das Heidenthum? Ja, das altrömische Heidenreich ist gefallen. Aber das Heidenthum ist nicht todt. Oder halten Sie es für unmöglich, daß sich hochgebildete Menschen mitten im Christenthum im Stillen wieder nach dem Heidenthum sehnen? Glauben Sie, es sei nur Scherz, wenn Schiller in einem seiner schönsten Gedichte die alte Götterwelt zurückwünscht? Ich will Ihnen einige Strophen daraus vorlesen:

> Da ihr noch die schöne Welt regieret
> An der Freude leichtem Gängelband,
> Selige Geschlechter noch geführet,
> Schöne Wesen aus dem Fabelland!
> Ach, da euer Wonnedienst noch glänzte,
> Wie ganz anders, anders war es da!
> Da man deine Tempel noch bekränzte,
> Venus Amathusia!
>
> Höh're Preise stärkten da den Ringer
> Auf der Tugend arbeitvollen Bahn;
> Großer Thaten herrliche Vollbringer
> Klimmten zu den Seligen hinan.

Vor dem Wiederforderer der Todten
Neigte sich der Götter stille Schaar.
Durch die Fluthen leuchtet dem Piloten
Vom Olymp das Zwillingspaar.

Schöne Welt! wo bist du? kehre wieder
Holdes Blüthenalter der Natur!
Ach nur in dem Feenland der Lieder
Lebt noch deine fabelhafte Spur.
Ausgestorben trauert das Gefilde,
Keine Gottheit zeigt sich meinem Blick.
Ach von jenem lebenwarmen Bilde
Blieb der Schatten nur zurück.

Alle jene Blüthen sind gefallen
Von des Nordens schauerlichem Weh'n.
Einen zu bereichern unter Allen
Mußte diese Götterwelt vergehn,
Traurig such ich an dem Sternenbogen
Dich, Selene, finde ich nicht mehr.
Durch die Wälder ruf ich, durch die Wogen;
Ach, sie wiederhallen leer.

Ja sie kehrten heim und alles Schöne,
Alles Hohe nahmen sie mit fort.
Alle Farben, alle Lebenstöne,
Und uns blieb nur das entseelte Wort.
Aus der Zeitfluth weggerissen, schweben
Sie gerettet auf des Pindus Höh'n.
Was unsterblich im Gesang soll leben
Muß im Leben untergeh'n.

Schiller mag später anders gedacht haben. Aber täuschen wir uns nicht — jenes Heimweh nach dem Heidenthum ist sehr natürlich — das Heidenthum hat mehr Reize für das unbekehrte Herz, als viele Christen meinen.

Aus den Schulen hat das Heidenthum weichen müssen vor dem Lichte der Bibel; aber so gewiß die Schule die Autorität der heiligen Schrift wieder abschüttelt, so gewiß diese Wasser des Lebens nicht je und je wieder den Unterricht und die Erziehung beleben und befruchten, — so gewiß wird wieder das Heidenthum mit seiner Unwahrheit, Unnatur, und Unsittlichkeit den leeren Platz einnehmen — aber ein viel gefährlicheres, viel feineres und aus dem Christenthum selbst hervorgegangenes Heidenthum, vor dem Gott unsere Kinder in Gnaden bewahre. — Es gibt nur ein Mittel dagegen, und unsere Schule möchte es für ihren Theil mit ihren schwachen Kräften anwenden:

Treues Festhalten an den heiligen Offenbarungen unseres seligen Gottes, an jenem **geschriebenen** Worte, in welchem allein das lebendige Wort des Vaters, unser hochgelobter Erlöser und Heiland Jesus Christus zu finden ist, er das A und O alles Wissens, er der größte Gelehrte und Weise aller Zeiten, weil er selbst alle Vernunft und alles Denken, alles Wissen und alles Existirende geschaffen hat, er der uns geliebt, sich für uns dahingegeben hat, welchem sei Ehre, Preis, Dank, Anbetung, Stärke und das Reich in alle Ewigkeit! Amen.